La asesoría parlamentaria

De la teoría a la práctica

Magdalena Lorenzo Rodríguez-Armas

La asesoría parlamentaria

De la teoría a la práctica

Diseño de cubierta: Sara Álvarez Tavío

© Dextra Editorial S. L.
c/ Arroyo de Fontarrón, 271, 28030 Madrid

© Skr, preparadores S. L.
c/ General Arrando, 5, bajo exterior derecha, 28010 Madrid

ISBN: 978-84-10026-27-8
Depósito Legal: M-14137-2024
Impreso en España-*Printed in Spain*

A mis hijas Malena, Rosalía Eugenia y Blanca.

Con un recuerdo especial a José De Francisco, por su bonhomía y valiosas enseñanzas en materia de asesoría parlamentaria en las Cortes Generales y en departamentos ministeriales.

ÍNDICE

PRESENTACIÓN

"Las cosas pequeñas, tratadas con delicadeza y cuidadas con esmero destilan la magia necesaria para hacer de la vida un camino de enseñanzas compartidas". Gracias a enseñanzas como esta, el Mago Merlín consiguió hacer que el Rey Arturo gobernase Camelot con un enorme sentido de justicia y grandeza. Y algo así nos encontramos en esta pequeña, cuidada y delicada obra que hoy tengo el enorme placer de presentar: nos enseña y comparte.

Pocas veces he tenido la fortuna de encontrarme a personas como la autora de esta obra, que con el esfuerzo cotidiano, el compromiso personal y la generosidad de compartir encuentran espacio en la vertiginosa cotidianidad para regalarnos algo tan valioso como el conocimiento que da el estímulo intelectual y el magisterio de la experiencia real.

Un paseo por está obra concentra un residuo valioso de la experiencia profesional vivida y un ejemplo ilustrativo de cómo en tan poco se pude decir tanto y tan bien. En un momento, como el actual, en el que nos encontramos con el eco continuo de la crisis del parlamentarismo, podemos aquí ver como esa institución, tan necesaria para la gobernanza de las sociedades democráticas actuales, tiene aún hoy un latido vibrante y necesario para el equilibrio de los poderes que son la piedra de bóveda de cualquier Estado de Derecho que aspire a reconocerse como tal.

El Parlamento y su funcionamiento reflejan el movimiento de las piezas vivas de un puzzle que explica el sentido del ejercicio del poder y las formas de embridar su *hybris* natural a través de la función del control parlamentario. Y como si de un puzzle se tratara, la autora utiliza esas piezas para llevarnos de la mano y mostrarnos el origen, la naturaleza, la historia y la rutina cotidiana de esa institución y su función. Y no lo hace, o no solamente, desde una posición teórica sino desde la experiencia práctica que da la profesionalidad y el ejercicio de la asesoría parlamentaria cotidiana.

SKR Escuela de Gobierno y Transformación Pública pretende servir, humildemente, como un espacio más de contribución al conocimiento de lo público y la mejora de su funcionamiento. Por esa razón, precisamente, acoge en su línea editorial —en la colección *Micromiradas*— este libro, con la aspiración de poner un granito de arena más a la comprensión del funcionamiento de nuestras instituciones.

Quiero agradecer el enorme esfuerzo de Magdalena, mi querida amiga Malena, en sintetizar de manera tan acertada y delicada algo tan complejo y, asimismo, a Iván García Yustos por prologarlo con tanto tino y acierto.

ENRIQUE CORTÉS DE ABAJO

Director de SKR Escuela de Gobierno
y Transformación Pública

PRÓLOGO

Según la Real Academia Española (RAE), un asesor es la persona que asesora; y asesorar, por definición, es dar consejo o dictamen. Pero, exactamente, ¿qué es un asesor o una asesora parlamentaria? ¿Cuáles son sus funciones? ¿Para qué sirven? ¿Son necesarios? ¿No hay demasiados? ¿Es real su capacidad de influencia?

No descubro nada al afirmar que la asesoría parlamentaria es una de las labores más desconocidas y que la figura del asesor o asesora, a pesar de ser clave en nuestro sistema parlamentario, aparece en demasiadas ocasiones acompañada de una injusta polémica.

Encontrar una respuesta al interrogante inicialmente planteado, ¿qué es un asesor o una asesora parlamentaria?, no es fácil. La temática vinculada a la asesoría parlamentaria, a pesar de estar ligada a la historia de la política en sí misma, ha sido escasamente abordada en la literatura especializada y resulta difícil encontrar un marco teórico, y menos aún práctico, que arroje luz y conocimiento.

A este vacío bibliográfico se suma otra realidad. En los últimos tiempos, "los asesores" se han convertido en figuras muy atractivas para los medios de comunicación, que los han colocado en el centro de sus relatos, ocupando páginas y páginas de periódicos e incontables horas de televisión y radio dedicadas, en numerosas ocasiones, a cuestionar la importancia de su labor, la idoneidad del número con el que cuentan los gobiernos o los grupos parlamentarios, el coste para las arcas del Estado o incluso su propia profesionalidad.

Después de más de treinta años en política, me veo en el deber a título personal de, en primer lugar, desmitificar la "sobreabundancia" de asesores y asesoras existentes en nuestro sistema político y defender la necesidad de contar con un número adecuado para una sociedad como la nuestra.

Es entendible que haya división por los costes que implican para los gobiernos y para los parlamentos tener asesores. Sin embargo, no se puede recortar en conocimiento y en la aplicación de ese conocimiento a quienes están participando en la construcción de nuestro país. Recortar en asesores es hipotecar nuestro futuro.

Necesitamos más conocimiento experto, con capacidad de resolver problemas y retos y satisfacer las evidentes necesidades de buen gobierno y buenas políticas públicas que la sociedad reclama. Y eso cuesta dinero. La democracia cuesta dinero, el gran andamiaje institucional con el que contamos cuesta dinero, pero puede y debe ser dinero bien invertido. Contar con buenos y suficientes asesores significa garantizar más y mejor democracia.

En segundo lugar, subrayar la importancia de la asesoría parlamentaria. El trabajo de estos profesionales, con un grado de complejidad y dedicación notable, es crucial en nuestro sistema político. Sin embargo, pocas veces se ha documentado su importancia y mucho menos aún se ha escrito sobre las directrices para mejorar su desempeño.

Tan importante es la función que cumplen, que hoy día no existe una docencia académica que sea capaz de aglutinar los conocimientos de cuyo resultado resulte un grado académico para esta profesión.

La importancia del buen asesor o la buena asesora está fuera de toda duda. Se puede afirmar categóricamente que el papel y función de la asesoría parlamentaria es verdaderamente crucial y definitivo. Tan crucial y definitivo como desconocido.

Esta obra cumple con el objetivo de acabar con ese desconocimiento otorgando al lector una guía clara para avanzar en un campo que, por extraño que parezca, insisto, no se enseña ni se estudia en ningún lado.

La autora, desde su posición de asesora en activo, nos brinda información y métodos para orientar al lector en el desempeño del exigente perfil profesional de los asesores y asesoras parlamentarias. Pero el lector tiene en sus manos algo más que un texto práctico, de trabajo y consulta. Tiene en sus manos una invitación a adentrarse en la dinámica parlamentaria y una invitación a la reflexión; todo ello de la mano de una profesional, con un amplio bagaje en la asesoría parlamentaria, tanto de grupo parlamentario como en gabinetes ministeriales, enamorada del parlamentarismo.

Puedo afirmar con rotundidad que, con este manual, tan exhaustivo como necesario, resultado del trabajo, la dedicación y el empeño de una gran conocedora de la asesoría parlamentaria, la autora cumple con creces su propósito de arrojar luz a un campo tan complejo, pero al mismo tiempo tan apasionante.

IVÁN GARCÍA YUSTOS

Director General de Asuntos Institucionales
del Gabinete del Presidente del Gobierno

NOTA INTRODUCTORIA

La idea de ir adelante con el presente trabajo me rondaba la cabeza desde hacía tiempo. Tras pasar por varios gabinetes ministeriales, dos vicepresidencias en ámbito autonómico y nacional y por Presidencia de Gobierno, he podido constatar que existe un desconocimiento importante de las funciones de la asesoría parlamentaria, no solo ya por parte de la ciudadanía en general —como por buena parte de la clase política en particular— sino también dentro de las propias estructuras y unidades de los departamentos ministeriales. He podido comprobar que esta situación genera problemas de diversa naturaleza: desde desconocer y no entender las funciones de la asesoría parlamentaria a la hora de escoger el perfil idóneo, hasta la anulación misma de sus funciones en, por ejemplo, la tramitación parlamentaria de una disposición normativa por desconocimiento de las mismas, pasando por problemas en su tarea de coordinación cotidiana entre su departamento concreto y las Cortes Generales, esencial en un modelo de democracia parlamentaria como la española apoyado en el principio de confianza recíproca entre legislativo y ejecutivo. Por otro lado, durante la XIV Legislatura han sido muy numerosas las iniciativas registradas, tanto de control oral y escrito como de orientación política al Gobierno, sobre lo superfluo de la tarea de la asesoría gubernamental; en el arranque de la XV Legislatura, el panorama no parece que vaya a cambiar. En estas páginas me detendré específicamente en la asesoría parlamentaria de gabinete ministerial para tratar de aportar algo de luz sobre el contenido de sus tareas y poner en valor el exigente perfil profesional de los asesores y las asesoras parlamentarias.

Por otro lado, partimos de la convicción de que tanto quienes se forman para incorporarse como servidores públicos en la Administración General del Estado —o en su caso, de las comunidades autónomas— como quienes sean contratados como laborales o eventuales en ministerios —o consejerías— deberían entender y conocer el funcionamiento del poder legislativo del Estado y del órgano constitucional que lo detenta, esto es, las Cortes

Generales —y los parlamentos autonómicos— en su interactuación constitucional y reglamentariamente pautada con el poder ejecutivo. Lo que se pretende con esta obra es orientar en esta dirección al lector desde la perspectiva de la práctica de la asesoría parlamentaria, en este caso, de gabinete ministerial y el trabajo de coordinación que lleva a cabo con el legislativo del Estado.

Antes de ello, hay que partir de una afirmación que ya es lugar común en las discusiones doctrinales y en la práctica diaria de la asesoría parlamentaria: el debate en torno a la modernización del funcionamiento de las Cortes Generales para su adaptación a las transformaciones que se han ido produciendo en el panorama político español en los últimos tiempos. Este debate no es nuevo y reaviva otro ya existente desde hace décadas en la doctrina constitucional española y foránea, suscitado en torno a la crisis de la representación política y, en lógica consecuencia también, del parlamentarismo en su diseño constitucional actual y en su desarrollo por los reglamentos parlamentarios.

En relación con lo anterior, llevamos años observando cambios en nuestro modelo de convivencia democrática que, sin duda, están repercutiendo en el funcionamiento de las Cortes Generales. No se trata solo de cambios en el funcionamiento de nuestro parlamento referidos al contexto de la pandemia ocasionada por la covid-19 desde diciembre de 2019, que sin duda produjo transformaciones que, aunque coyunturales, fueron impactantes. En efecto, la pandemia trajo consigo una alteración relevante en el funcionamiento de las cámaras, que a su vez condujo a la incorporación de otras formas de desarrollo del trabajo parlamentario, como la celebración de sesiones y votaciones telemáticas, que han posibilitado su continuidad tras el período inicial de suspensión provocado por la gravedad de la situación. Sin embargo, cuando hablamos de cambios importantes nos referimos a aquellos que acaban modificando el modelo y con él el funcionamiento de las Cortes y, por tanto, que pueden haber venido para quedarse. Hablamos de transformaciones que tienen que ver con cambios profundos del orden social: unos impulsados por el propio desarrollo de la democracia y del Estado social y democrático de derecho como, por ejemplo, la aprobación de nuevos derechos; otros provocados por la grave crisis y recesión económica mundial subsiguiente ocurridas durante la década anterior. Ambos han contribuido a alterar el panorama político fragmentando las opciones políticas y convirtiendo los parlamentos de ámbito nacional y autonómicos en mosaicos generadores de disfunciones en el diseño constitucional y reglamentario del sistema parlamentario tal y como lo conocíamos. Como resultado, la doctrina de derecho constitucional debate desde hace décadas sobre una posible reforma —más o menos profunda— de los reglamentos parlamentarios en búsqueda de su actualización.

¿Qué pretendemos con esta obra? Pretendemos familiarizar al lector con ese funcionamiento, con sus pros y sus contras. Desde luego no se puede pretender profundizar en aquellos principios básicos del modelo del Estado constitucional nacido en los albores del siglo XIX y que fueron herederos de los principios fundantes del derecho parlamentario —también del español—, como el principio de representación política y la prohibición del mandato imperativo como reacción a los originarios "cuadernos de instrucciones" propios del anterior modelo de representación de cuño iusprivatista; o del central y ya clásico principio anglosajón de la confianza parlamentaria y la articulación entre poderes a modo de "pesos y contrapesos". Esos se encuentran explicados *in extenso* en los manuales de Derecho constitucional. Lo que este texto quiere es acercar el funcionamiento real de nuestro parlamento desde la óptica de la asesoría parlamentaria y, para ello, partiremos de una premisa: en la base del modelo parlamentario español se encuentra como correlato de ese principio de la confianza parlamentaria antes mencionado la función de control político que ejerce por mandato constitucional el legislativo sobre el ejecutivo. Así, el control se erige en una pieza clave del sistema, dado que ambos poderes del Estado están configurados constitucional y reglamentariamente de forma tal que se necesitan mutuamente para desarrollar sus funciones.

Por ello proponemos hacer una aproximación diferente al funcionamiento de las Cortes Generales que acerque la práctica parlamentaria a quienes se están formando y quienes quieran optar a incorporarse como altos funcionarios o como personal sin vinculación funcionarial en las administraciones públicas. Tras un breve repaso de los fundamentos de ese funcionamiento, lo abordaremos desde la práctica cotidiana de tareas propias de la asesoría parlamentaria. Esta es desarrollada en los gabinetes ministeriales por quienes son enlace funcional, técnico-jurídico y político entre el poder ejecutivo y el poder legislativo. A pesar del cada vez mayor volumen y relevancia de sus tareas, se trata de una actividad bastante desconocida tal y como se ha sugerido anteriormente que, por la idiosincrasia del régimen laboral/profesional de quienes la ejercen —por lo general personal eventual— carece de formalización. Por otro lado, la actividad parlamentaria fruto de la interactuación entre los poderes legislativo y ejecutivo se ha visto incrementada en las últimas legislaturas de manera significativa y ello se traduce hoy día en mayor trabajo para las unidades de los diferentes departamentos ministeriales —no solo en los gabinetes de ministerios y secretarías de Estado— que requieren de una cada vez mayor especialización del funcionariado y de ahí la oportunidad de aprendizaje que también para ellos pueden ofrecer estas líneas.

Con el fin de contribuir en dicha especialización, haremos un abordaje inicial necesariamente somero de los caracteres definidores, limitación en su actuación y estructura de las Cortes Generales. Recordaremos lo esencial sobre la autonomía y organización interna de las cámaras y los grupos parlamentarios como elementos vertebradores y aglutinadores de la representación política dentro de las mismas, sus reglas de funcionamiento y las funciones que la Constitución les encomienda. A continuación, se explicará la relación y coordinación entre el Gobierno y las Cortes Generales llevada a cabo por la Secretaría de Estado de Relaciones con las Cortes y Asuntos Constitucionales y su Dirección General de Relaciones con las Cortes y las asesorías parlamentarias de gabinete ministerial, coordinadas por los mencionados órganos superiores y directivos.

I

Breve introducción sobre fundamentos teóricos básicos de derecho parlamentario

I.1. Caracteres definidores, limitaciones en su actuación y estructura de las Cortes Generales

Cabe definir el parlamento que, según tradición constitucional española adopta el nombre de Cortes Generales, como la asamblea deliberante, representativa del pueblo, que vota las leyes y el presupuesto, controla al Gobierno y ejerce otras funciones de naturaleza electiva (del presidente del Gobierno, de órganos constitucionales como —entre otros— el Tribunal Constitucional, el Defensor del Pueblo o el Consejo General del Poder Judicial) y no electiva (como las relacionadas con la Corona).

Inspiran la institución parlamentaria el principio de representación política, que experimenta una profunda evolución a lo largo de los siglos y el de confianza parlamentaria, afianzado fundamentalmente a lo largo del siglo pasado y que ha de ser recíproca entre los poderes ejecutivo y legislativo del Estado. Hoy podemos afirmar en los sistemas parlamentarios de las democracias actuales que el modo de mantener viva dicha confianza se lleva a cabo a través del ejercicio cotidiano de los instrumentos de control político al Gobierno de los que se hablará más adelante.

El parlamento cuenta con una larga historia en toda Europa. Se considera la abadía de Westminster (Inglaterra) madre de los parlamentos occidentales, dado que en su sala capitular se celebraron las primeras reuniones de Los Comunes en Inglaterra hacia 1285. Por lo que respecta al modelo continental europeo tanto en Francia como en España el absolutismo monárquico yuguló el desenvolvimiento de la institución parlamentaria. La diferencia esencial entre ambos modelos, británico y continental europeo en el momento de los orígenes del parlamentarismo tras la época feudal es que en Inglaterra la soberanía recaerá sobre el parlamento cosa que no sucede en modelos como el francés o el español en el que la soberanía recaerá, durante largo tiempo, en el monarca.

De lo anterior se desprenden consecuencias decisivas para la historia constitucional de ambos modelos, siendo paradigmático en el británico el modo en que el parlamento irá procurando y afianzando los derechos constitucionales de los ingleses.

Por lo que respecta al modelo español, a partir del siglo XIII las Cortes fueron una institución que, presidida por el Rey y con representación de los diferentes estamentos, gozarían de cierto peso político. Son ejemplo de ello las Cortes de Castilla, de Aragón, de Cataluña, de Valencia o de Navarra. Sin embargo, la monarquía absolutista impidió que se consolidasen. Habría que esperar al siglo XIX para que nuestras constituciones liberales asentaran sus respectivas instituciones parlamentarias no ya sobre aquel modelo de Cortes históricas sino sobre las aportaciones doctrinales de, entre otros, Montesquieu en su conocida obra *Del espíritu de las Leyes* y las ideas democráticas y liberales que propagarían tanto el primer constitucionalismo norteamericano importado en Europa por Tocqueville en su escrito *Democracia en América* como por la Revolución francesa.

*Caracteres definidores: centralidad del parlamento
en el sistema político español*

La Constitución española (en adelante CE) regula la institución parlamentaria en el Título III bajo la rúbrica "De las Cortes Generales", artículos 66 a 96. El artículo 66 CE establece que:

1. "Las Cortes Generales representan al pueblo español y están formadas por el Congreso de los Diputados y por el Senado".

2. "Las Cortes Generales ejercen la potestad legislativa del Estado, aprueban sus Presupuestos, controlan la acción del Gobierno y tienen las demás competencias que les atribuya la Constitución".

Es lugar común en la doctrina de derecho constitucional hablar de la centralidad de esta institución en el Estado social y democrático de Derecho. ¿Cuál es su importancia? Pues bien, hay que decir que las Cortes Generales se configuran constitucionalmente como el órgano que representa al pueblo español en quien, como sabemos, reside la soberanía del Estado. Así lo proclama el artículo 1.2 CE: "la soberanía nacional reside en el pueblo español, del que emanan los poderes del Estado". Como consecuencia de lo anterior podemos deducir que es del carácter representativo del Parlamento del que podemos desprender la importancia y centralidad de esta institución que además encarna el único poder del Estado directamente emanando de la soberanía popular, dado que tanto el ejecutivo como el judicial requieren de su mediación para su constitución y/o legitimación.

Por otro lado, su relevancia se deriva de las siguientes consideraciones:

1. En primer lugar se deriva de las funciones que la Constitución les encomienda. Así, la propia CE afianza la importancia de las Cortes encomendándole funciones que podemos caracterizar como principales: la legislativa, la presupuestaria y la de control de la actividad del Gobierno (art. 66.2 CE); y como secundarias, como las relacionadas con la Corona: sucesión, regencia y tutela del Rey menor (arts. 57, 59 y 60 CE respectivamente); con la declaración de los estados de alarma, excepción y sitio (art. 116 CE); con el ámbito de las relaciones internacionales (arts. 93 a 96 CE); con su consideración como sujeto legitimado para interponer el recurso de inconstitucionalidad (art. 162 CE y 32 de la Ley Orgánica 2/1979, de 3 de octubre del Tribunal Constitucional,

en adelante LOTC); o bien relacionadas con otros órganos de relevancia constitucional como son el Defensor del Pueblo (art. 56 CE), el Consejo General del Poder Judicial (art. 122.3 CE), el Tribunal de Cuentas (art. 136 CE) o el Tribunal Constitucional (art. 159 CE).

2. En segundo lugar, su relevancia también deriva de la naturaleza de las Cortes Generales como foro político por excelencia, si bien hay que tener en cuenta que ya no son el único, dada la irrupción en los últimos tiempos de las redes sociales. Los medios de comunicación trasladan a la sociedad los debates que allí tienen lugar, contribuyendo a conformar la opinión del electorado sobre la actuación del gobierno de turno, y las posibles alternativas políticas. En definitiva, es allí donde se debaten públicamente las distintas propuestas legislativas (proyectos y proposiciones), se produce el enfrentamiento de los grupos parlamentarios que son reflejo del pluralismo político imperante en nuestro Estado y, además es donde el gobierno explica su actuación y se somete al control político que los grupos parlamentarios ejercen sobre la misma.

Como conclusión podemos afirmar que estamos ante el elemento central del sistema político tanto desde el punto de vista político como desde una perspectiva jurídica. Cabe afirmar lo primero porque de dicha institución parlamentaria depende en el ordenamiento jurídico español la investidura del presidente y con ello la propia constitución de los sucesivos gobiernos responsables de la dirección política del país. En relación con lo segundo, las Cortes Generales son número uno en producción normativa por lo que ellas deciden el grueso de las normas que rigen nuestra convivencia.

Limitaciones jurídico-constitucionales y político-sociales en su actuación

En primer lugar y por lo que se refiere a los límites jurídico-constitucionales, las Cortes Generales como órgano constitucional que desempeña el poder legislativo del Estado se encuentran sujetas en su actuación a la Constitución y al resto del ordenamiento jurídico en virtud de lo establecido en el artículo 9.1 CE: "Los ciudadanos y los poderes públicos están sujetos a la Constitución y al resto del ordenamiento jurídico".

En segundo lugar, cabe hablar de limitaciones derivadas de su naturaleza de órgano de representación política o lo que es lo mismo, de órgano que traduce a escaños —y éstos a grupos parlamentarios— los votos de la ciudadanía. Así lo recoge el texto constitucional cuando afirma que "las Cortes Generales representan al pueblo español…" (art. 66.1 CE) que, como señalábamos líneas atrás, detenta la soberanía en el Estado. En lógica consecuencia, las Cortes no son más que las depositarias de la soberanía popular, siendo el pueblo el que por antonomasia decidirá a través del ejercicio de su derecho al sufragio (art. 23.1 CE) su composición e inicio de su actividad y su alternancia.

En tercer lugar, existe otro límite jurídico-constitucional que en este caso opera respecto de los representantes parlamentarios y que es la prohibición del mandato imperativo recogida en el art. 67.2 CE: "Los miembros de las Cortes Generales no estarán ligados por mandato imperativo". A pesar de la lógica seguida por el constituyente en su búsqueda por superar fórmulas de representación propias del derecho privado y transformar el mandato imperativo en mandato representativo para acondicionarlo al nuevo modelo de Estado constitucional nacido en los albores del siglo XIX tal y como lo explicara Sieyès en su obra *Qué es el tercer Estado,* lo que acontece hoy en la gran mayoría de los parlamentos de nuestro tiempo es que sus miembros no están supeditados a mandatos individuales de los concretos electores sino de los partidos políticos que vehiculan su elección y que les someten a rígidas disciplinas impuestas por sus cúpulas.

Por último, podemos señalar que la Constitución impone limitaciones también en la concreción del ejercicio de la función legislativa por parte de nuestro parlamento al establecer como garantía normativa de los derechos fundamentales y libertades públicas el respeto a su contenido esencial en su desarrollo mediante ley, tal y como establece el artículo 53.1: "Los derechos y libertades reconocidos en el Capítulo segundo del presente Título vinculan a todos los poderes públicos. Sólo por ley, que en todo caso deberá respetar su contenido esencial, podrá regularse el ejercicio de tales derechos y libertades, que se tutelarán de acuerdo con lo previsto en el artículo 161.1.a) CE".

Respecto a las limitaciones político-sociales se observa que la naturaleza cada vez más compleja del Estado social y democrático de Derecho en el mundo globalizado del presente inclina la balanza de poderes en favor del ejecutivo. Así, iniciada la segunda década del siglo XXI ya hemos conocido una gravísima crisis económico-financiera y una crisis sanitaria global ocasionada por la pandemia de la covid-19. La mayor cualificación técnica del ejecutivo, su más profunda conexión con los ámbitos de la Unión Europea e internacional y su capacidad de reacción rápida ante los nuevos desafíos hacen que se vea mermada la capacidad de actuación del poder legislativo. En este sentido, puede citarse como ejemplo el vertiginoso incremento en el uso, por parte del ejecutivo del Estado, de las disposiciones normativas del Gobierno con fuerza de ley; fundamentalmente del decreto-ley (art. 86 CE). Ello se traduce en un cada vez mayor protagonismo en la producción de leyes por parte del ejecutivo en detrimento del legislativo. Para contrarrestar esta realidad el legislativo está recurriendo cada vez con mayor frecuencia a la cláusula constitucional y reglamentaria en virtud de la cual el decreto-ley convalidado será tramitado como proyecto de ley por el procedimiento de urgencia si así se solicita. Véase a este respecto el artículo 86 CE y 151.4 del Reglamento del Congreso de los Diputados (en adelante RCD), donde se establece que "(…) Convalidado un Real Decreto-Ley el presidente preguntará si algún grupo parlamentario desea que se tramite como proyecto de ley. En caso afirmativo, la solicitud será sometida a decisión de la Cámara. Si esta se pronunciase a favor, se tramitará como proyecto de ley por el procedimiento de urgencia, sin que sean admisibles las enmiendas de totalidad de devolución (…)".

Por otra parte, y para finalizar este apartado, resulta también significativo el hecho de que, a pesar de los cambios importantes acontecidos en el panorama político español de los últimos tiempos, ni la Constitución ni el ordenamiento parlamentario se han visto modificados como consecuencia de ello. Ejemplo de esos cambios son el fin del bipartidismo que ha imperado en la democracia española: hoy conocemos experiencias novedosas en la conformación del Gobierno, como los gobiernos denominados tripartitos en el ámbito autonómico y el gobierno de coalición en el ámbito nacional. Hemos sido testigos del surgimiento de nuevos partidos políticos y su llegada al parlamento con la consecuente fragmentación política de las cámaras y mayores dificultades para la investidura del presidente del Gobierno y la conformación y estabilidad de mayorías. Y hemos presenciado la irrupción de partidos de corte populista a nivel global pero también internamente, en clave nacional y autonómica; estos producen alteraciones desestabilizadoras del escenario y debate políticos con discursos de naturaleza identitaria o que apelan a los sentimientos o planteamientos maniqueos. Y somos testigos también de nuevas formas de hacer política a través de las redes sociales y nuevas y preocupantes tendencias marcadas por la posverdad o las denominadas *fake news*.

Estructura de las Cortes Generales: apunte histórico
y modelo actual. Reflexiones desde la práctica
de la asesoría parlamentaria

Volvamos brevemente la vista atrás para repasar el bicameralismo en el Estado constitucional, en el que observamos dos modelos: por un lado, el modelo de la tradición liberal europea, con una Cámara de los Lores o Cámara Alta (*Dignified part*: hereditaria, con integrantes de la nobleza y la Corona) y una Cámara de los Comunes o Baja (*Efficient part*: electiva, con representantes del pueblo elegidos periódicamente). Y por el otro, el modelo de la tradición democrática americana: es un modelo bicameral en el que la Cámara del Senado desempeña auténticas facultades de representación territorial desde su instauración. A través de ella, las unidades territoriales menores, los distintos Estados federados de la Federación americana, participan en la vida política ayudando a la conformación de la voluntad de todo el Estado.

Por lo que respecta a la estructura de las Cortes Generales en el constitucionalismo histórico español, podemos distinguir tres modelos: el modelo radical, que rompe con la tradición histórica instaurando Cortes unicamerales; son ejemplo las Constituciones de 1812 y 1931. El modelo liberal-progresista con estructura bicameral en la que el Senado es votado por el mismo cuerpo electoral que el Congreso, si bien el sufragio pasivo está más restringido que para el Congreso. Sus ejemplos son las Constituciones de 1837 y 1869. Y finalmente, el modelo liberal-conservador, también bicameral, con un Senado de designación real y vitalicio y puesto en práctica en las Constituciones de 1845 y 1876.

Por lo que respecta a la Constitución de 1978, en ella se reinstaura el modelo bicameral en su artículo 66.1 CE que dispone que "Las Cortes Generales ... están formadas por el Congreso de los Diputados y por el Senado". Al optar por este modelo la norma constitucional combinará elementos muy dispares procedentes tanto de la tradición democrática americana como de nuestra historia constitucional en su versión liberal progresista y conservadora. La elección llevada a cabo por el poder constituyente suscitará polémica no por perfilar un sistema bicameral, sino por la configuración del Senado. En efecto, se diseña un bicameralismo imperfecto por asimétrico y por desigual: se trata de un modelo en el que no existe equilibrio en cuanto al número de funciones que desempeña cada una de las cámaras, ni tampoco en la relevancia de las encomendadas a cada una, optándose por una clara preponderancia del Congreso de los Diputados frente al Senado. En mayor profundidad, el modelo es imperfecto:

a) Por asimétrico:

Las cámaras desempeñan funciones distintas, es decir, tienen asignadas competencias que ejercen en exclusiva y en las que la otra Cámara no participa. Ejemplos de funciones privativas del Congreso de los Diputados son la investidura del presidente (art. 99CE), la retirada de la confianza parlamentaria con la moción de censura o la cuestión de confianza (arts. 112 y 113 CE), la convalidación o derogación de los Reales Decretos-leyes (art. 86 CE) o las funciones en relación con los estados de alarma, excepción o sitio (art. 116 CE). Por lo que respecta al Senado, le corresponde únicamente en exclusiva la autorización de medidas adoptadas por el Gobierno para obligar a una comunidad autónoma a cumplir sus obligaciones constituciones o legales (art. 155 CE)[1].

Incluso cuando las cámaras actúan en el ejercicio de funciones compartidas, como la función legislati-

---

[1] Como es sabido, el art. 155 CE ha sido aplicado en una única ocasión durante el período democrático, en octubre de 2017 y respecto de la comunidad autónoma de Cataluña por incumplimientos del orden constitucional. Véase acuerdo del Consejo de Ministros al respecto en el siguiente enlace web: https://www.boe.es/buscar/doc.php?id=BOE-A-2017-12328

va, existen competencias privativas de una de las cámaras como, por ejemplo, en la aprobación por mayoría absoluta de una ley orgánica en el Congreso (art. 81.2 CE) y no en el Senado.

b) Por desigual:

Las funciones del Congreso de los Diputados y del Senado no son en absoluto equivalentes, ni siquiera semejantes. El Congreso se encuentra en clara posición de superioridad respecto al Senado. Prueba de ello es la participación exclusiva de aquel en la investidura del presidente del Gobierno y su facultad de retirarle la confianza, o en el ámbito del procedimiento legislativo, la posibilidad de que el Congreso supere la posible oposición a una propuesta legislativa aprobada en el Senado.

Por otro lado, el carácter del Senado como cámara territorial solo se plasma constitucionalmente en la elección por las asambleas legislativas de las comunidades autónomas de una parte minoritaria de los senadores (art. 69.5 CE). No obstante, para incrementar el carácter de representación territorial sucesivas reformas del Reglamento del Senado (en adelante RS) han creado los "Grupos Territoriales" y, en particular, la *Comisión General de las Comunidades Autónomas*, que tienen competencias específicas en esa materia y, sobre todo, permite intervenir a los presidentes de las CC AA. Además, en ellas se pueden utilizar sus correspondientes leyes oficiales (art. 55 a 56 bis.9.RS).

Para finalizar este apartado se quiere señalar que en el día a día de la asesoría parlamentaria se observa una clara preponderancia de la actividad del Congreso frente a la del Senado. Por citar solo algunos ejemplos: mientras en el Congreso de los Diputados hay tres sesiones plenarias mensuales, en el Senado se reducen a dos; hay mayor presencia de la cúpula del Gobierno (presidencia y vicepresidencias) en las sesiones de control oral en el Congreso que en el Senado (el presidente del Gobierno por lo general solo acude una vez al mes al control oral del Senado); en la tramitación del proyecto de ley de presupuestos generales del Estado hay mayor presencia del Gobierno en comparecencias ante el pleno y en comisión en el Congreso (ministros, subsecretarios, secretarios de Estado y otros altos cargos) que en el Senado (ministros y secretarios de Estado y algunos altos cargos).

I/2. Autonomía de las Cámaras y organización interna. Los grupos parlamentarios. Reglas generales de funcionamiento. Funciones de las Cortes Generales

Autonomía de las cámaras y organización interna

Las Cortes Generales son el único órgano constitucional que para su constitución y funcionamiento depende exclusivamente de sí mismo. De ahí que se entienda como la primera de sus características la autonomía de la que gozan para fijar las condiciones de su organización y funcionamiento, así como para determinar los medios económicos necesarios para hacer frente a las tareas constitucionalmente encomendadas.

La CE le reconoce autonomía en el art. 72.1 CE cuando afirma que "Las Cámaras establecen sus propios reglamentos, aprueban autónomamente sus presupuestos y, de común acuerdo, regulan el Estatuto del Personal de las Cortes Generales". La autonomía de las Cortes Generales les proporciona una capacidad de autorregulación, a través de sus respectivos Reglamentos, superior a la de cualquier otro órgano constitucional.

Aunque la Constitución no define el Reglamento parlamentario, sí aporta elementos importantes para su definición formal y material y para su delimitación como norma jurídica, circunscribiendo el alcance del Reglamento y limitando la autonomía de las cámaras en su producción. Respecto a la definición formal la CE establece que la aprobación y reforma del Reglamento parlamentario serán sometidas a una votación final sobre su totalidad, que requerirá la mayoría absoluta (art. 72.1 *in fine* CE). Por lo que atañe a la definición material se conforma de numerosas referencias constitucionales: sobre el estatuto de los parlamentarios (arts. 67.1 y 2, 70 y 71 CE); la organización de las cámaras (arts. 72, 75.1, 76.1 y 78 CE); su funcionamiento (arts. 67.3, 72 a 74, 78 a 80 CE); sobre las reglas del procedimiento legislativo (arts. 75.2 y 3, 79.2, Cap. II y III del Tít. III, 134, 150.3, 151 y Tít. X CE) o sobre el control parlamentario (arts. 76, 77.2, 99, 101.1, 102.2, 108 a 114 CE).

En relación con su naturaleza jurídica se señala que la producción de los reglamentos está ordenada directamente por la Constitución, de ahí que se afirme que son normas ejecutivas de la Constitución. Son las únicas normas directamente ejecutivas existentes en nuestra Constitución[2].

---

[2] El primero en utilizar esta expresión fue el profesor Pérez Royo en su *Manual de Derecho Constitucional.*

Por otro lado, podemos fijar como caracteres de los Reglamentos los siguientes:

1. Se dictan por cada una de las cámaras autónomamente, esto es, sin interferir la otra Cámara ni ningún otro órgano constitucional en su elaboración y aprobación. No son dictadas por el poder legislativo, sino por cada una de las cámaras.
2. Tienen que ser aprobadas y revisadas por mayoría absoluta en una votación final de totalidad.
3. Son normas de producción ineludible y perentoria.
4. Existe una reserva de Reglamento parlamentario constitucionalmente establecida en el art. 72 CE, consistente en la ordenación por estos de la vida interna de las cámaras, de manera que ni el Reglamento puede ir más allá de la misma, ni otra norma puede invadirla.
5. Únicamente pueden ser controlados por el Tribunal Constitucional, ya que, aunque la CE no dice nada respecto a su control de constitucionalidad, la LOTC establece en su art. 27.2 que:

"Son susceptibles de declaración de inconstitucionalidad:

(…) d) los Reglamentos de las Cámaras y de las Cortes Generales; (…) f) los Reglamentos de las Asambleas Legislativas de las Comunidades Autónomas".

Para cerrar el apartado sobre autonomía de las cámaras corresponde ahora citar los dos reglamentos parlamentarios vigentes: el Reglamento del Congreso de los Diputados, de 10 de febrero de 1982 y el Reglamento del Senado, de 3 de mayo de 1994[3]. Por último, la doctrina del Tribunal Constitucional (TC) sobre la naturaleza y caracteres del reglamento parlamentario fue fijada ya desde una de sus primeras sentencias sobre este tema[4].

En cuanto a la organización interna de las cámaras, estas se estructuran en órganos de gobierno y órganos de funcionamiento. Son órganos de gobierno el Presidente, la Mesa, y la Junta de Portavoces;

---

[3] Resolución de 24 de febrero de 1982 por la que se ordena la publicación en el *Boletín Oficial del Estado* del nuevo Reglamento del Congreso de los Diputados. Cortes Generales *BOE* núm. 55, de 05 de marzo de 1982; y Texto refundido del Reglamento del Senado aprobado por la Mesa del Senado, oída la Junta de Portavoces, en su reunión del día 3 de mayo de 1994. Cortes Generales *BOE* núm. 114, de 13 de mayo de 1994.

[4] Véase la Sentencia del Tribunal Constitucional (STC) 101/83.

son órganos de funcionamiento el pleno, las comisiones y las diputaciones permanentes.

Como órganos deliberantes integrados de un número elevado de componentes, las cámaras parlamentarias necesitan de órganos que establezcan la dirección del trabajo a realizar. El presidente es la máxima autoridad en cada Cámara. Sus competencias son fundamentalmente de coordinación, de carácter interpretativo y representativo o de policía dentro de las sedes parlamentarias (arts. 72.3 CE, 32 RC y 37 y 38 RS). Destaca su facultad de interpretación de los reglamentos en caso de duda y de suplirlos en caso de lagunas. Las "resoluciones interpretativas" del Reglamento deberán contar con el parecer favorable de la Mesa y de la Junta de Portavoces. Según el TC en su STC 118/88, estas "resoluciones interpretativas" son "nuevas reglas que se añaden, integran o incorporan al ordenamiento reglamentario de la Cámara y producen materialmente los mismos efectos que los preceptos del propio Reglamento". En el caso del Congreso de los Diputados se han aprobado desde 1983 veinticinco resoluciones.

Por lo que respecta a la Mesa, en derecho comparado se conocen dos modelos de cámaras, según sea la dirección de estas unipersonal o pluripersonal o colegiada: unipersonal es el modelo de la Cámara de los Comunes inglesa, donde la dirección la desempeña de manera individual la institución del denominado *"speaker"*, responsable de expresar ante el Rey la opinión de la Cámara. Por otro lado, el modelo de Mesa pluripersonal o colegiada es aquel en el que la dirección de la Cámara la ejercen varias personas. El modelo de Mesa en las Cortes Generales según diseño reglamentario le otorga el carácter de verdadero órgano rector del Congreso (art. 30.1 RC) y del Senado (art. 35.1 RS). En cuanto a la composición, en el Congreso está constituida por el presidente, cuatro vicepresidentes y cuatro secretarios (art. 30. 2 RC) mientras que en el Senado está integrada por el presiente, dos vicepresidentes y cuatro secretarios.

Las Funciones de la Mesa pueden ser de dos tipos: una función rectora, mediante la que dirige los trabajos de la Cámara y otra registral, mediante la que recibe toda la documentación que va dirigida a la Cámara y ordena la tramitación correspondiente de la misma (arts. 31 RC y 36 RS).

Por último, la Junta de Portavoces, órgano que no regula la Constitución, aunque sí los reglamentos, desempeña un papel relevante en la estructura y funcionamiento de las Cámaras. Y ello es así porque es el órgano de dirección política; sus integrantes representan a los grupos parlamentarios que, a su vez, integran a los distintos partidos políticos con representación parlamentaria (art. 39 RC y 43-44 RS). Se reúne bajo la presidencia del Congreso (o Senado en su caso) y se compone de los portavoces de los grupos parlamentarios (uno por cada grupo). A ellas acude un representante del Gobierno, si lo estima oportuno. Las decisiones se adoptan en función del voto ponderado, de manera que cada portavoz cuenta con tantos votos como parlamentarios integran su grupo. Su función primordial es claramente política. En ella se establece la conexión con el Gobierno y se decide lo que va a ser políticamente la vida de la Cámara. Establecerá, de acuerdo con el presidente, el orden del día del Pleno, o modificará el ya fijado, y adoptará las decisiones de carácter más eminentemente político como, por ejemplo, incluir en el orden del día un asunto que no haya cumplido los trámites reglamentariamente previstos (art. 67 RC).

Junto a los anteriores están los órganos de funcionamiento antes enunciados: Pleno (art. 75 CE; 54 y ss. RC y 69 y ss. RS), Comisiones (art. 75 CE; 40 y ss. RC y 49 y ss. RS) y Diputaciones permanentes (art. 78 CE; 56 RC y 45 y ss. RS). El Pleno está constituido por la totalidad de los miembros y es la forma usual de funcionamiento. Le corresponde adoptar las decisiones del órgano (art. 75.1 CE). Las Comisiones llevan a cabo los trabajos especializados preparatorios de las decisiones del Pleno. Su composición es representativa de los grupos parlamentarios y funcionan como un Pleno reducido, adoptando las decisiones en función del voto ponderado. Hay diferentes clases de comisiones (art. 40 y ss. RC y 49 y ss. RS): permanentes (legislativas y no legislativas) y no permanentes, junto a otras tipologías como la de las comisiones de investigación (art. 76 CE).

Finalmente, las diputaciones permanentes aseguran la continuidad del trabajo parlamentario en aquellos espacios temporales en los que las Cortes no estén reunidas (art. 78 CE). Están integradas por un mínimo de 21 miembros que representan a los grupos parlamentarios en función de su importancia numérica. Son presididas por la presidencia de la cámara. Tienen la facultad de convocar sesión plenaria y de comisiones en período extraordinario. Destaca la facultad de la Diputación Permanente del Congreso de convalidación o derogación de los decretos-leyes y asume las competencias del Congreso en relación con los estados de excepción y sitio en los casos de disolución o expiración del mandato parlamentario.

Los grupos parlamentarios

Son agrupaciones de parlamentarios constituidos sobre la base de una afinidad ideológica que tienen por finalidad representar en la Cámara a una línea política determinada (art. 23 y ss. RC; 27 y ss. RS)[5]. Se constituyen voluntariamente, si bien la incorporación a un grupo parlamentario es reglamentariamente obligatoria. Quienes no se adhieran a ningún grupo quedan automáticamente inscritos en el Grupo Mixto. Los Reglamentos prohíben la constitución artificial de grupos parlamentarios, al excluir la posibilidad de que formen grupos parlamentarios separados aquellos diputados que pertenezcan a un mismo partido o formaciones políticas que no se hayan presentado a las elecciones. Respecto de su composición se exige un número mínimo: 15 diputados y 10 senadores, si bien dado que existen partidos de ámbito inferior al nacional, se prevén correctivos, basados en el número de escaños y porcentaje de votos obtenido para posibilitarles formar grupo propio. La adscripción a un grupo parlamentario es voluntaria, pero se establecen límites temporales con el objeto de evitar el transfuguismo político: cinco días hábiles desde la constitución de la Cámara o de la presentación de credenciales en el caso de adquisición de la condición de parlamentario con posterioridad y en el de los se-

---

[5] Amplia explicación de su funcionamiento en Tudela Aranda, J.: *El Parlamento en tiempos críticos. Nuevos y Viejos temas del Parlamento*. Ed. Marcial Pons, 2020, págs. 175 y ss.

nadores autonómicos. El cambio de un grupo parlamentario a otro puede producirse también al inicio de cada período de sesiones, si bien también dentro de los 5 primeros días. Por otra parte, el grupo parlamentario desaparecerá si el número de sus componentes baja más allá del mínimo exigido (art. 27 RC y 27.2 y 30 RS).

En cuanto a sus funciones son de dos tipos: internas y externas. Las funciones internas contribuyen a coordinar las actividades de quienes los forman, definen la política parlamentaria del partido o el control del Gobierno, si se está en la oposición, o el apoyo al mismo si se es mayoría. Las funciones externas se refieren a la participación de los grupos parlamentarios en la composición de los órganos de gobierno de las Cámaras, (Junta de Portavoces) o a los órganos de funcionamiento (Comisiones); al ejercicio de la iniciativa legislativa, a la fijación de posiciones en los debates del Pleno y de las Comisiones, etc.

Reglas generales del funcionamiento parlamentario

La legislatura tiene una duración normal de 4 años (arts. 68.4 y 69.6 CE), salvo disolución anticipada, y supone la caducidad de los trabajos en curso (art. 207

RC). Entre una legislatura y otra se establece un período mínimo de 25 días, después de celebradas las elecciones (entre los 30 y los 60 días tras la finalización del mandato) para que el Rey convoque al Congreso (art. 62.b) y 68.6 CE).

Cada año de la legislatura se divide en dos períodos ordinarios de sesiones: el primero, de septiembre a diciembre; el segundo de febrero a junio (art. 73 CE). Los meses de enero, julio y agosto constituyen períodos extraordinarios donde la actividad normal de las cámaras —de pleno y de comisión— se interrumpe. No obstante, para casos extraordinarios la Constitución prevé que podrán celebrarse sesiones en período extraordinario a petición del Gobierno, de la Diputación Permanente o de la mayoría absoluta de los miembros de la Cámara.

Si en período vacacional el Gobierno aprueba un decreto-ley, el pleno del Congreso queda convocado automáticamente para resolver sobre su convalidación (art. 86.2 CE). También se convoca de inmediato al pleno del Congreso en los supuestos de declaración de los estados de alarma, excepción o sitio (art. 116 CE). En los casos anteriores, si la Cámara está disuelta será competente la Diputación Permanente.

Por otro lado, para la validez de las reuniones de las cámaras se precisa que hayan sido convocadas reglamentariamente y contar con un orden del día. En la fijación del orden del día se establecen unos límites: respeto de un tiempo mínimo semanal para el control político al Gobierno (art. 111 CE); priorización de la tramitación de proyectos de ley frente a proposiciones de ley (art. 89.1 CE). Por último, para la validez de los acuerdos de las cámaras estos deberán ser aprobados por la mayoría de los miembros presentes (mayoría simple) salvo los casos en los que la Constitución o las leyes orgánicas establezcan mayorías especiales.

Funciones de las Cortes Generales: en especial la función legislativa

El artículo 66.2 CE determina las funciones de las Cortes Generales con una enumeración de poderes que se cierra con una referencia genérica: las Cortes Generales ejercen la potestad legislativa del Estado, aprueban sus presupuestos, controlan la acción del Gobierno, y tienen las demás competencias que les atribuya la Constitución. La competencia central es la legislativa. Por eso tradicionalmente las atribuciones parlamentarias se clasifican en legislativas y no legislativas, si bien, es lugar común en la doctrina de derecho constitucional afirmar que toda acción parlamentaria, legislativa o no legislativa, es control[6]. El origen histórico de los partidos nacionales está marcado por la pugna entre el monarca y la nación por la soberanía. Esto explica el que una de las funciones principales de los parlamentos sea la de controlar la acción del Gobierno, heredero histórico de las competencias de los ministros del Rey en los sistemas de monarquía constitucional. La función normativa y la de control están, así, en los dos polos de la actividad de las Cortes; a caballo entre ambas se encuentra la función financiera que determina los ingresos del Estado.

En cuanto a la función legislativa podemos establecer tres fases: la fase de iniciativa legislativa que, si bien no pertenece propiamente hablando al procedimiento de elaboración de las normas, sí determina su inicio; una fase central de discusión en el Congreso y en el Senado; y la última, la fase integradora de la eficacia de la norma, concretada en su publicación en el *Boletín Oficial del Estado* y su correspondiente entrada en vigor.

En cuanto a la primera fase, hay que estar a lo que dispone la Constitución sobre los sujetos titula-

---

[6] Rubio Llorente, F.: *La forma del poder,* Centro de Estudios Constitucionales, 1993.

res de la iniciativa legislativa que son el Gobierno, el Congreso y el Senado, las asambleas legislativas de las comunidades autónomas y el pueblo (art. 87 CE). Las propuestas legislativas del Gobierno se denominan proyectos de ley; han de ser aprobados previamente en el Consejo de ministros y en su remisión a las Cortes deberán acompañarse de una exposición de motivos y de los antecedentes necesarios para pronunciarse sobre ellos (art. 88 y 89.1 CE). Las iniciativas de las cámaras (o en su caso de las asambleas legislativas de las comunidades autónomas) adoptan el nombre de proposiciones de ley y la prioridad debida a los proyectos de ley no podrá impedir su tramitación (art. 89.1 CE y 124-126 RC y 108-109 RS). En esta primera fase se producirá la toma en consideración de las iniciativas, en el Congreso o en el Senado, si bien las que tome en consideración el Senado se remitirán al Congreso para su trámite subsiguiente. Además, el Gobierno tiene un plazo para manifestar su criterio respecto a la toma en consideración sobre conformidad o disconformidad cuando implique aumento de créditos o disminución de los ingresos presupuestarios (art.134 CE) y para manifestar oposición si modifica una delegación legislativa en vigor (art. 84 CE).

En la segunda fase se produce la discusión en el Congreso que se desarrollará a su vez en tres fases:

de enmiendas a la totalidad —ya comentada—; de comisión, con plazo de presentación de enmiendas, designación de ponencia y aprobación de dictamen y, por último, la fase de pleno en la que se votará el dictamen resultante de la comisión. Una vez es aprobada la propuesta en el Congreso su presidente lo remitirá al Senado donde se abrirán la fase de lectura en comisión y la fase de pleno. El Senado tiene dos meses —o 20 días en los proyectos declarados urgentes— para oponer su veto (por mayoría absoluta) o presentar enmiendas (art. 90.1 CE). La iniciativa regresará al Congreso y en caso de veto lo superará con una votación por mayoría absoluta o tras dos meses por mayoría simple; las enmiendas introducidas por el Senado se superarán por mayoría simple (art. 90.2 CE).

Finalmente se producirá la remisión de la iniciativa al *Boletín Oficial del Estado* para su publicación oficial y entrada en vigor, cumpliendo con ello la fase integradora de la eficacia de la ley aprobada.

Para cerrar el presente apartado se añade que las normas reglamentarias recogen otros procedimientos legislativos bien para determinados tipos de leyes como las leyes orgánicas (art. 130 RC), las leyes de presupuestos (art. 133 RC) o las de revisión —ex artículo 168 CE— y reforma —ex artículo 167 CE— constitucional (art. 146 y ss. RC); bien para procedimientos no asociados a ningún tipo especial de norma, también llamados genéricos. Ejemplos son: el procedimiento de urgencia (art. 93 RC y 133 RS), el de lectura única en pleno (art. 150 RC y 129 RS) y el de aprobación íntegra en comisión (art.75.2 CE y 148 RC y 130 RS).

II

De la teoría a la práctica

II/1. LAS RELACIONES ENTRE EL GOBIERNO Y LAS CORTES GENERALES: PRIMER Y SEGUNDO NIVEL DE COORDINACIÓN ENTRE EL PODER EJECUTIVO Y EL PODER LEGISLATIVO

La función de la Secretaría de Estado de Relaciones con las Cortes como órgano de relación y primer nivel de coordinación entre el Poder Ejecutivo y el Poder Legislativo: modelo español desde 1978. Competencias y funciones

Podemos hablar de tres modelos de relaciones entre gobierno y parlamentos. Un modelo centralizado, con órgano *ad hoc*, que asiste a la Junta de Portavoces, y en el que hay un control dirigido al Gobierno o al presidente (Francia, Italia, Portugal, España); un modelo descentralizado en el que hay un órgano en cada ministerio, no asiste a Junta de Portavoces, y el control se dirige a cada ministerio (Alemania, Gran Bretaña, Bélgica), y por último, un modelo mixto en el que hay un órgano central y órganos en cada ministerio y en el que el control se dirige a los ministerios pero se responde de forma coordinada (Holanda, Dinamarca).

En cuanto a los órganos de relación entre gobierno y parlamentos también hay distintas opciones: ministerios sin cartera que cumplen esa función; secretarías parlamentarias en los ministerios; o secretaría parlamentaria en el Gabinete del presidente o en el Ministerio de la Presidencia.

El modelo español ha ido evolucionando. En 1979 se creó un ministerio adjunto para las relaciones con las Cortes (sin cartera). En 1980 se atribuyeron las funciones al Ministerio de la Presidencia. En 1981 se crea la Secretaría de Estado, dependiente del Ministerio de la Presidencia. En 1982 se definirá la Secretaría de Estado como el órgano de la Presidencia del Gobierno encargado de la comunicación entre el gobierno y las Cortes, creándose su estructura orgánica. En 1986 se crea el Ministerio de Relaciones con las Cortes y la Secretaría del Gobierno y se lleva a cabo el fortalecimiento político-administrativo de la relación entre el Gobierno y las Cortes. En 1993 asumirá la competencia el Ministerio de la Presidencia. En 1996 la ostentará el mismo departamento a través de la Secretaría de Estado de Relaciones con las Cortes. En la actualidad y en virtud del *Real Decreto 829/2023, de 20 de noviembre, por el que se reestructuran los departamentos ministeriales*, el órgano de relación es la Secretaría de Estado de Relaciones con las Cortes y Asuntos Constitucionales del Ministerio de la Presidencia, Justicia y Relaciones con las Cortes.

En la actualidad, la Secretaría de Estado de Relaciones con las Cortes, a través de su Dirección General de Relaciones con las Cortes lleva a cabo la importante tarea de coordinación con las asesorías parlamentarias de los gabinetes ministeriales. Podemos destacar las siguientes tareas de coordinación: celebración de reuniones semanales con las asesorías parlamentarias de los gabinetes ministeriales; asistencia técnico-jurídica y política; elaboración y remisión semanal de la nota de actividad parlamentaria (NAP) en las cámaras con la actividad tramitada y pendiente de tramitación; calificación de las iniciativas parlamentarias por ministerios y remisión de iniciativas legislativas y no legislativas para informe con previsión de plazos de respuesta; coordinación de iniciativas legislativas; coordinación del control oral y escrito así como de las interpelaciones; coordinación de la tramitación parlamentaria de iniciativas de orientación política al Gobierno de grupos parlamentarios de la oposición y de los que apoyan al Gobierno; coordinación de las comparecencias del Gobierno ante las cámaras; coordinación de la agenda de cada departamento ministerial con la actividad de los plenos en las Cortes a través de la comunicación de ausencias, y seguimiento del cumplimiento de los compromisos parlamentarios del gobierno.

Asesoría parlamentaria como segundo nivel de coordinación entre el Poder Ejecutivo y el Poder Legislativo: propuesta de definición y tipologías.

Podemos definir la asesoría parlamentaria como el conjunto de actividades de naturaleza técnico-jurídica y política relativas a la toma de decisión, búsqueda de la concertación política, gestión y tramitación de iniciativas parlamentarias que se desarrolla en un segundo nivel de coordinación entre el poder ejecutivo y el poder legislativo.

En cuanto a las tipologías, puede haber diferentes tipos de asesoría parlamentaria: por un lado está la asesoría parlamentaria de grupo parlamentario en las Cortes Generales, que es una actividad de naturaleza privada dado que son los grupos parlamentarios los que contratan sus asesores y asesoras; por el otro, la asesoría parlamentaria de gabinete ministerial y, en su caso, de Secretarías de Estado, que lleva a cabo una actividad de naturaleza pública. Esta última es desempeñada por quienes son designados para ser enlace funcional, técnico-jurídico y político entre el poder ejecutivo y el poder legislativo, por conducto —por lo general— de la Secretaría de Estado de Relaciones con las Cortes y la Dirección General del mismo nombre, que coordina las asesorías parlamentarias de todos los ministerios.

Asesoría parlamentaria y control político al Gobierno

Como se ha señalado, el principio básico de la relación entre el poder ejecutivo y el legislativo es el de la confianza parlamentaria que se inicia con la investidura del presidente del Gobierno (art. 99 CE) y ha de mantenerse durante la legislatura a través de los instrumentos de control político al Gobierno[7]. Así lo recoge el artículo 66.2 CE cuando determina que las

---

[7] Véase al respecto Sanz Pérez, Á.: *Fundamentos del Derecho Parlamentario Español,* ed. COLEX, Madrid 2023, donde en pág. 421 se afirma que "todas las iniciativas parlamentarias son control parlamentario (…)" y que "Lo relevante del control es el día a día en la vida del Parlamento y del Gobierno".

Cortes Generales, junto a otras funciones, controlan la acción del Gobierno. Y para ello la Constitución y los reglamentos establecen instrumentos para llevar a cabo esa tarea.

Siguiendo a Paniagua[8], podemos definir la función de control como la forma de control institucional (e institucionalizada) de la actividad política del Gobierno.

Podemos clasificar los instrumentos de control en instrumentos de control ordinario: información y ayuda; interpelaciones y preguntas; y comisiones de investigación. E instrumentos de control extraordinario, denominados también de exigencia de responsabilidad política al gobierno y que se concretan en las figuras de la moción de censura y la cuestión de confianza. A continuación, analizaremos los instrumentos de control ordinario y la tarea de la asesoría parlamentaria respecto de dichos instrumentos.

Se regulan en el Título V de la Constitución (art. 108 y siguientes) y en ambos reglamentos parlamentarios (art. 180 y ss. RC y 160 y ss. RS). La Constitución regula la información y ayuda en el artículo 109 CE: "Las Cámaras y sus Comisiones podrán recabar, a través de los presidentes de aquellas, la información

---

[8] En cita recogida de Sanz Pérez, Á, *op. cit.,* página 421.

y ayuda que precisen del Gobierno y de sus Departamentos y de cualesquiera autoridades del Estado y de las Comunidades Autónomas". Por su parte, el artículo 111 CE establece que "el Gobierno y cada uno de sus miembros están sometidos a las interpelaciones y preguntas que se le formulen en las Cámaras (…)". Así mismo, el artículo 76.1 CE dispone que "el Congreso y el Senado, y, en su caso, ambas Cámaras conjuntamente podrán nombrar Comisiones de investigación sobre cualquier asunto de interés público. Sus conclusiones no serán vinculantes para los Tribunales, ni afectarán a las resoluciones judiciales, sin perjuicio de que el resultado de la investigación sea comunicado al Ministerio Fiscal para el ejercicio, cuando proceda, de las acciones oportunas".

Se analizan a continuación su regulación y la tarea que desempeña la asesoría parlamentaria de gabinete ministerial respecto de los mismos.

Información y ayuda

En primer lugar, respecto de la información y ayuda, su regulación se concreta en ambos reglamentos (art.7 y 44 RC; art. 20 RS) y en la práctica son escritos de los diputados y senadores en los que se solicita información sobre la acción de gobierno. La tarea de la asesoría consiste en recabar dicha información de las unidades directivas competentes y remitir escrito de contestación con la información requerida por conducto de Relaciones con las Cortes. Respecto de esta figura hay que señalar que no existe obligación de cumplimiento reglamentariamente establecida por lo que, en no pocas ocasiones, su cumplimiento se dilata en el tiempo. En el argot parlamentario estas iniciativas se corresponden con la figura 186, en el Congreso y figura 689 en el Senado.

Interpelaciones

En segundo lugar y en relación con las interpelaciones (art. 111 CE; 180 y ss. RC y 170 y ss. RS) estamos, según un sector doctrinal, ante un tipo cualificado de pregunta parlamentaria[9]. Establece el Reglamento del Congreso que "los Diputados y los Grupos Parlamentarios podrán formular interpelaciones al Gobierno y a cada uno de sus miembros" (art. 180 RC);

---

[9] Véase en este sentido González Fernández, S.: *El control como función primordial del parlamento en la era de la globalización*, Ed. Fundación Manuel Giménez Abad, Colección monografías nº 15, Zaragoza 2020, págs. 229 y ss.

así mismo señala que "las interpelaciones habrán de presentarse por escrito ante la Mesa del Congreso y versarán sobre los motivos o propósitos de la conducta del Ejecutivo en cuestiones de política general, bien del Gobierno o de algún departamento ministerial" (art. 181 RC). Además, se pueden presentar interpelaciones urgentes, según resolución de la presidencia del Congreso de los Diputados acerca de las interpelaciones, de 6 de septiembre de 1983.

Por tanto, los grupos parlamentarios tienen derecho a presentar interpelaciones al Gobierno sobre cuestiones de política general. El debate se ordena con una primera intervención del proponente y contestación del ministro/a más un turno de intervención para cada grupo parlamentario de menor a mayor. No generan votación. La tarea de la asesoría parlamentaria puede consistir en la redacción de una propuesta de intervención, dependiendo del diputado/a —dividida en dos turnos— en la que, sobre la base de los fundamentos técnicos oportunos, se ha de buscar la vinculación con la posible polémica generalmente de naturaleza política que el tema pueda revestir. Así mismo, se asiste con directrices sobre la línea de discurso al portavoz del grupo parlamentario que apoya al Gobierno. Para realizar este trabajo se cuenta con los informes técnicos de la unidad directiva competente por razón de la materia. Además, la interpelación, que consiste en el mero debate, dará lugar a una moción consecuencia de interpelación —y de interpelación urgente, en su caso, respecto de la moción consecuencia de interpelación urgente— que igual que con la interpelación deberá ser informada —es decir, se recabará criterio a la unidad competente— para procurar el criterio del Gobierno al grupo parlamentario que lo apoya y el sentido del voto en la moción correspondiente. Esta iniciativa se corresponde con la figura 172 en el Congreso y con la figura 670 en el Senado.

Estos instrumentos tienen ventajas y desventajas. Frente a las preguntas orales de pleno que serán analizadas a continuación, posibilitan realizar un debate más amplio y sosegado sobre la acción del Gobierno si bien, por lo general suscitan poco interés fuera de los hemiciclos y escasa repercusión en prensa y redes sociales. Por lo general no llegan a la opinión pública. Aunque su debate es más pausado y profundo que el de las preguntas orales de pleno, no tienen la frescura de aquellas y resulta algo encorsetado. Además, en no pocas ocasiones los temas suscitados son específicos, como los de las orales de pleno, y no versan sobre cuestiones de política general como establece su regulación, por lo que, en cierto modo, se desvirtúa su fin último.

Preguntas parlamentarias

En tercer lugar, analizamos las preguntas parlamentarias (art. 111CE;185 y ss. RC y 160 y ss. RS) a las que dedicaremos un apartado especial relacionado con el control escrito por su incidencia en el trabajo cotidiano de los ministerios. Según se establece en ambos reglamentos, las preguntas habrán de presentarse por escrito ante la Mesa de cada Cámara. Por tanto, las preguntas se clasifican en orales y escritas por la forma de contestación elegida por los parlamentarios dado que, en cuanto a su presentación, esta deberá hacerse siempre por escrito. Además, "en defecto de indicación se entenderá que quien formula la pregunta solicita respuesta por escrito y, si solicitara respuesta oral y no lo especificara, se entenderá que esta ha de tener lugar en la Comisión correspondiente" (art. 187 RC). En base a este criterio las preguntas se clasifican en orales y escritas.

Preguntas con respuesta oral en pleno

Las preguntas orales se ordenan para las sesiones plenarias del Congreso de los Diputados en la mañana de los miércoles (9:00 h.) y del Senado, en la tarde de los martes (16:00 h); en ambos casos con criterios de reparto entre los grupos parlamentarios. Cabe solicitar posponer por parte del Gobierno y la sustitución por otra de especial actualidad por parte del grupo proponente. La tarea de la asesoría parlamentaria puede consistir aquí —dependiendo del diputado/a— en redactar propuesta de contestación y dúplica por tiempo de dos minutos y medio y tres y medio —que se extiende a más del doble— en el Congreso y en el Senado respectivamente; y se redacta sobre la base de los informes técnicos de las unidades competentes en preguntas de índole técnica y siempre con el criterio político del gabinete correspondiente.

En cuanto a las ventajas de las orales, posibilitan un control más directo y mayor espontaneidad debido al careo entre quien pregunta y el Gobierno. En cuanto a las desventajas suelen citarse su utilización inadecuada para hacer gracietas y generar titulares ocurrentes; su desvirtuación y consecuente banalización; las prácticas de *filibusterismo parlamentario* consistentes en, por ejemplo, cambiar el objeto de la pregunta sobre la marcha o utilizar una oral dirigida a un ministro para atacar a otro distinto, a una vicepresidencia o al presidente del Gobierno; cierta relajación en la calificación respecto a las causas de inadmisión recogidas reglamentariamente como las presentadas con el exclusivo interés personal de quien las formula o que versan sobre consulta de índole jurídica (186.2 RC y 162.2 RS).

Estos instrumentos de control son los que más repercusión mediática suelen tener, con reflejo en prensa escrita y audiovisual así como en redes sociales como twiter, Instagram e incluso hoy en día en tik tok, tras las sesiones de control en ambas Cámaras. Por último, las preguntas orales de pleno se corresponden con la figura 180 en el Congreso y 680 en el Senado.

Especial mención al control escrito

Por lo que respecta a las preguntas escritas, estamos ante elementos englobados dentro de la denominada actividad rogatoria de las Cortes Generales[10]. Partimos de la consideración de estos instrumentos como auténticas herramientas de fiscalización de la acción de Gobierno, frente a quienes ven en ellas meros instrumentos de información sobre la mencionada actividad gubernamental[11]. Sirva aquí un apunte teórico

---

[10] Osés Abando, J.: "Interpelaciones y preguntas: sugerencias para su reforma", en *Corts: Anuario de derecho parlamentario,* ISSN 1136-3339, Nº5, 1998. Pág. 48.

[11] Véase ALONSO DE ANTONIO, J. A.: *Introducción al Derecho Parlamentario,* Dykinson, Madrid 2002, pág. 204 y sig., donde se señalará que doctrinalmente se han sostenido dos posturas en torno a las preguntas parlamentarias: "…las preguntas como

sobre la consideración de estos instrumentos por parte de la doctrina de derecho constitucional, que en nuestro país ha expuesto sobradamente la relevancia de los instrumentos de control político al Gobierno en el marco del sistema parlamentario constitucionalmente diseñado en 1978, seguidor, por lo demás, de los modelos parlamentarios de las democracias euroatlánticas y de nuestra propia tradición histórica que hunde sus raíces en la tradición de las Cortes medievales[12].

---

instrumento de información o las preguntas como medio de control. En el primer sentido, Santaolalla López defiende su tesis alegando que en las preguntas falta la nota sancionadora característica del control, de tal modo que se limitan a ser formalmente un procedimiento para obtener esclarecimiento o información sobre un determinado asunto. La segunda postura es la generalizada en la doctrina, tanto española como extranjera. (…) Entre nosotros, por todos puede citarse a Aragón Reyes para quien el entendimiento de las preguntas como simple medio de información es 'olvidar el sentido fiscalizador que le es propio y que constituye, sin duda, su auténtica finalidad'".

[12] ARANDA ÁLVAREZ, E.: "40 años de Constitución-El sistema parlamentario de la Constitución española de 1978", accesible en el enlace web siguiente: http://idpbarcelona.net/sistema-parlamentario-la-constitucion-espanola-1978/+`p'0

Cuestiones prácticas sobre la mecánica del funcionamiento y el volumen de tramitación de las preguntas con respuesta escrita

Lo primero que hay que señalar es que las preguntas con respuesta escrita pueden ser formuladas por los diputados y senadores sin límite numérico. El Gobierno debe contestar en los veinte días siguientes, prorrogables por otros veinte (190 RC). De no hacerlo, quien la formula puede solicitar conversión en oral que se tramitará en la próxima sesión de la comisión competente por razón de la materia. Aun siendo contestada, el diputado o senador, en caso de considerarla insuficiente podrá pedir amparo a la Mesa, para obligar al Gobierno a facilitar una nueva contestación.

La tarea de la asesoría parlamentaria respecto de las preguntas escritas se ha convertido en una pesada carga para la que en no pocas ocasiones los departamentos ministeriales carecen de personal suficiente para su gestión y tramitación. Por lo general existe un personal específico encargado del registro y gestión en plazo de las preguntas escritas que son trasladadas al responsable de la asesoría parlamentaria para la coordinación y supervisión en su contestación. La tarea que desarrolla este personal es esencial y de su profesionalidad depende, en gran medida, el buen desempeño en el cumplimiento de las obligaciones de control del Gobierno para con las Cortes Generales[13]. Para la llevanza y seguimiento del control escrito se creó hace más de 30 años una aplicación informática denominada "Cortesía" que, a pesar de su apariencia un tanto arcaica, sigue siendo hoy la herramienta indispensable para la gestión de éste; más adelante volveremos a ella. La tarea consiste en que una vez recibidas, se remiten a las unidades competentes para propuestas de contestación (técnica) y con ellas se redactan escritos de contestación (técnico-políticos) y se envían a Relaciones con las Cortes para su revisión, conformidad y posterior remisión a la cámara correspondiente. En no pocas ocasiones durante la XIV Legislatura se registran preguntas que van dirigidas a varios departamentos ministeriales. En estos casos no es infrecuente la coordinación por

---

[13] Me permito aquí la licencia de mencionar a los funcionarios públicos de extraordinario desempeño que en el equipo de la asesoría parlamentaria que me correspondió dirigir en el Ministerio de Sanidad durante más de un año de la XIV Legislatura llevaron a cabo una tarea de gran profesionalidad y competencia. A la cabeza de ellos y de forma destacada por sus comentarios y aportaciones a esta obra, a Melquiades Ruiz Olano y Alejandro Iglesias García, como también a Antonia Pozo Macías, Roberto Muñiz Quílez y Gerardo Doval Doval. A todos ellos mi agradecimiento por su ejemplaridad y dedicación.

parte de Relaciones con las Cortes y de acuerdo con el criterio de Presidencia de Gobierno de una respuesta común por parte de todos los ministerios destinatarios.

Profundizando en este instrumento de control, podemos diferenciar dos fases en la tramitación de las preguntas escritas: una se produce dentro de la Cámara parlamentaria en dos momentos procedimentales diferentes. A esta fase la denominaremos la *fase externa*. La otra tiene lugar dentro del Gobierno y la denominaremos *fase interna*. En ella diferenciaremos también distintos momentos según nos refiramos a los trámites realizados por el Ministerio de la Presidencia, Relaciones con las Cortes y Memoria Democrática (en adelante PRCMD) y más específicamente su Secretaría de Estado de Relaciones con las Cortes y Asuntos Constitucionales (en adelante RRCC)[14] como vehiculador de las iniciativas parlamentarias dentro del Gobierno o nos refiramos a los trámites seguidos por las asesorías parlamentarias de cada departamento ministerial para dar respuesta con ello a la pregunta escrita de que se trate.

---

[14] Que cuenta con un equipo de extraordinaria competencia y amplia experiencia en el manejo de Cortesía, con el que facilitan la tarea a las asesorías parlamentarias.

Por lo que respecta a la *fase externa*, podemos señalar dos momentos: uno inicial en el que la Mesa del Congreso una vez que registra, califica y, en su caso, admite a trámite la iniciativa, la remite al Gobierno por conducto de PRCMD. El segundo momento de la *fase externa* viene a ser la devolución de la iniciativa ya atendida y por tanto con respuesta del Gobierno o ministerio a la Cámara Baja o en su caso al Senado por el mismo ministerio mencionado y la remisión de la contestación del gobierno por parte de la Mesa al diputado proponente de la pregunta escrita. Esta fase finaliza con la publicación en el *Boletín Oficial de las Cortes Generales,* Serie D: General, contribuyendo a la transparencia de este instrumento de control político al Gobierno.

Por otra parte, la dinámica de la *fase interna*, que tiene a su vez también dos momentos procedimentales diferentes se produce, a grandes rasgos, de la siguiente manera: PRCMD remite la pregunta escrita al departamento ministerial que considera competente; en muchas ocasiones, la pregunta escrita no tiene un destinatario unitario, sino que se dirige al Gobierno. Respecto de esto, hay que señalar que la calificación de la escrita para su remisión al ministerio competente es realizada por PRCMD y, en concreto, por la Dirección General de Relaciones con las Cortes que con frecuencia califica a varios departamentos para dar respuesta a una misma pregunta, con indicación del plazo de su vencimiento. Esto se produce porque la pregunta sin destinatario concreto puede contener referencias que afectan competencialmente a varios ministerios.

Puede producirse —y de hecho no es infrecuente— que los ministerios calificados inicialmente se declaren incompetentes en los últimos días del plazo de vencimiento, obligando a RRCC a redirigir la pregunta a otros departamentos ministeriales. Estos han de contestar con urgencia y con riesgo de conversión en orales. Para evitarlo, además de remitirlas por defecto al mayor número de ministerios que en una primera valoración pudiesen estimarse competentes, se establecen instrucciones desde RRCC para los ministerios hagan una pronta primera lectura de las escritas, esto es, en la fecha de su recepción para que, en caso de no ser competentes, las redirijan de nuevo a RRCC para su reenvío a la mayor brevedad posible a otros departamentos ministeriales.

Un segundo momento se produce dentro ya del ministerio que recibe la pregunta escrita. Tal y como hemos avanzado líneas atrás, el ministerio receptor las canaliza a las distintas unidades para que las informen y emitan una propuesta de contestación. Hay que tener en cuenta que el número de técnicos varía en función de la unidad de que se trate. La mayoría de las iniciativas requieren ser derivadas por parte de las unidades directivas a sus áreas dependientes para recopilar la información correspondiente con el fin de elaborar el informe de respuesta, lo que supone una carga de trabajo añadida a su labor de gestión ordinaria. Por lo general las direcciones generales carecen de personal especializado en derecho parlamentario, aunque en las Secretarías de Estado y Secretarías Generales es habitual que se cuente con personal con funciones específicas de tramitación y seguimiento de las iniciativas parlamentarias. En los respectivos gabinetes, conforman el área parlamentaria que canalizan las preguntas a sus propias unidades directivas, les hacen seguimiento y, en su caso, unifican criterios en una única contestación a lo preguntado. Las respuestas de las preguntas escritas se reciben en la asesoría parlamentaria del gabinete ministerial donde son revisadas, unificadas y en ocasiones reconfiguradas por quien desempeña el puesto en la asesoría parlamentaria con el apoyo de personal técnico y administrativo.

En relación con estos dos momentos del proceso iniciado por RRCC y sustanciado en el ministerio competente, es esencial la aplicación informática de la que ya hemos hablado, esto es Cortesía. En ella se lleva a cabo el registro y seguimiento telemático de todas las iniciativas parlamentarias, incluidas las preguntas escritas. Así, además de contener un registro electrónico histórico de la actividad parlamentaria —desde la VII Legislatura en el Congreso y desde la VIII Legislatura en el Senado—, se posibilita hacer seguimiento puntual de todas y cada una de las iniciativas parlamentarias. A pesar de la indiscutible utilidad de esta herramienta informática lo cierto es que su manejo resulta hoy día —como hemos comentado ya— un tanto arcaico y desfasado por lo que su modernización facilitaría el trabajo que se realiza en torno a la tramitación de cualquier iniciativa parlamentaria, incluidos los instrumentos de control ordinario.

Como ventajas de este instrumento puede indicarse que han servido en mayor o menor medida para conocer la acción del Gobierno en los distintos ámbitos de actuación. Y como desventaja su utilización como mero medio para destacarse en las estadísticas de actividad parlamentaria y como estrategia para desgastar, obstaculizar, lastrar y bloquear unidades enteras en los departamentos ministeriales. Como consecuencia de ello, asistimos en los últimos tiempos a una clara desvirtuación de este instrumento de control.

Pretendíamos también dedicar un espacio al volumen de tramitación de estas iniciativas. Aunque el volumen de preguntas con respuesta escrita ha sido siempre elevado, se aprecia un incremento exponencial en las últimas legislaturas, girando el número total de escritas contestadas al Congreso y al Senado en lo que va de la XIV Legislatura en torno a las 175.000. Esta cifra es elevada, y pone de manifiesto el auge en su utilización frente a otros instrumentos de control como las preguntas orales, tramitadas en número muy inferior, en torno a las 2.000 en el período democrático. Esto puede apuntar a una utilización de las escritas como vía de acceso a un control al Gobierno menos hierático y constreñido que las preguntas con contestación oral por cuanto no presenta límites cuantitativos a quienes lo utilizan[15]; como ya se ha comentado, los reglamentos parlamentarios no fijan cifra tope por diputado o senador del número de preguntas escritas que pueden formular al Gobierno. Pero también se señala en el seno del debate doctrinal que puede estar siendo utilizado por sus señorías con fines diferentes a los del control ordinario al

---

[15] MATÍA PORTILLA, F.J.: "Artículo 111, Comentarios a la Constitución Española de 1978", Tomo II, Conmemoración del XL Aniversario de la Constitución. Ed. BOE, Ministerio de Justicia, Fundación Wolters Kluwer, pág. 599, donde se señala que la diferencia entre las orales tramitadas en la democracia española (1.500) y las escritas (90.000) "...puede traer causa del hecho de que la profusión de tal instrumento parlamentario no incide en los tiempos tasados y limitados de actuación de los órganos de la Cámara".

Gobierno. Así, se ve en su utilización una vía para canalizar el ejercicio de la actividad parlamentaria con mayor independencia respecto a los estrictos mecanismos que en el marco del parlamentarismo racionalizado —y la disciplina de partido— se imponen en la vida interna de los grupos parlamentarios.

Los defensores del ejercicio "al peso" de las preguntas con respuesta escrita ven en ellas un mecanismo cuantitativo de desgaste que podría apuntar a, entre otros, unos deficientes controles de admisión. Sirva de ejemplo la mecánica seguida por algunos parlamentarios que en la X Legislatura llegaban a registrar baterías de más de 4.000 preguntas escritas sobre un mismo asunto[16]; y esta práctica sigue presente en la actualidad. Este fue el caso, al inicio de la legislatura en curso, en el que el control escrito se incrementó exponencialmente, registrándose durante los tres primeros meses del estado de alarma ocasionado

---

[16] Por lo general, en estos casos las preguntas se presentan territorializadas, es decir, se formula la pregunta de que se trate respecto de una serie de localidades, por ejemplo, determinados pueblos de una provincia de España. También es frecuente el registro de una escrita que integra un elevado número, a su vez, de otras preguntas con lo que cada escrita de este tipo en la práctica multiplica su eficacia rogatoria con los efectos que ya se han mencionado en estas páginas.

por la pandemia de la covid-19, en 2020, solo en el Congreso 9.873[17].

Comisiones de investigación

Por último, la Constitución y los reglamentos regulan las comisiones de investigación en los términos antes vistos. La tarea de la asesoría parlamentaria consiste en coordinar la comparecencia del gobierno, sus ministros y altos cargos, en caso de ser convocados a comparecer y asistirles en el trámite parlamentario de su comparecencia. Pueden llevar a cabo, también, tareas de coordinación con el grupo parlamentario que apoya al Gobierno, en orden a la propuesta de plan de trabajo, calendario de sesiones y comparecientes.

---

[17] Con datos obtenidos en Cortesía y gracias al equipo de asesoría parlamentaria del Ministerio de Sanidad, a fecha de 16 de enero de 2023 los tres ministerios con más preguntas escritas registradas son: Ministerio del Interior, con 28.046; Ministerio de Transportes, Movilidad y Agenda Urbana con 26.012 y Sanidad, con 19.596. En términos globales, la VIII Legislatura (02/04/2004-31/03/2008) fue la que mayor récord de preguntas escritas registró, con un total de 208.879. La presente legislatura marca ya en abril de 2023 a falta aún de más de 6 meses para su finalización, una cifra de 174.309 preguntas escritas registradas.

Para finalizar este apartado, se quiere hacer la siguiente reflexión: es importante tener presente la naturaleza jurídico-política de las cortes Generales y el impacto que tienen en la tarea que desarrollan las recientes transformaciones político-sociales referidas líneas atrás: fin del bipartidismo y surgimiento de nuevos partidos políticos con la consecuente fragmentación del parlamento alterando la conformación de ejecutivos y dificultando la estabilidad gubernamental; el surgimiento de partidos políticos de corte populista; la irrupción de las redes sociales y las nuevas formas de comunicar y hacer política; el uso de la denominada *posverdad* o las *fake news* en el discurso y la contienda electoral. Este impacto se deja sentir en los instrumentos de control que hemos analizado llevando a una suerte de alteración preocupante de sus fines, sin que se hayan operado modulaciones en su régimen jurídico para su adaptación a aquellas transformaciones.

Asesoría parlamentaria y función de orientación política al Gobierno

Las Cortes Generales participan en la orientación política al Gobierno a través de la presentación por los grupos parlamentarios de proposiciones no de ley en el Congreso y mociones en el Senado (arts. 193 y ss. RC; 174 y ss. RS). Son instrumentos de orientación o impulso político al Gobierno que se pueden presentar para pleno o para comisión y que formulan propuestas de resolución[18]. Se estructuran en una exposición de motivos y una petición al Gobierno. En el Congreso las presentan los grupos parlamentarios; en el Senado también agrupaciones de senadores. Son defendidas por sus proponentes; son enmendables y precisan de una votación final. Estas iniciativas adolecen de eficacia vinculante porque no existe obligación legal de cumplirlas, si bien ha habido iniciativas que buscan establecerla. En cuanto a la tarea de la asesoría parlamentaria consiste en solicitar criterio técnico a la unidad directiva competente y elaborar a partir del mismo el informe para su remisión a RRCC que, a su vez, lo remite al grupo parlamentaria que apoya al Gobierno para conocimiento del criterio. Así mismo, deberá atender su tramitación para, en su caso, dar criterio sobre posibles enmiendas del resto de grupos parlamentarios. Esto requiere una pronta respuesta porque en ocasiones se llega a acuerdos transaccionales sobre el total o partes de la iniciativa

---

[18] Sobre su naturaleza jurídica pueden consultarse las SSTC 40/2003, de 27 de febrero y 78/2006, de 13 de marzo.

durante los minutos de su tramitación en Pleno o en Comisión que requieren de una respuesta rápida, que deberá canalizar la asesora o asesor parlamentario y establecer el criterio del departamento ministerial competente de cara a la votación. Además, aunque no sea preceptivo, se realiza seguimiento de su cumplimiento.

Para finalizar, las proposiciones no de ley de comisión responden a la figura 161 y las de pleno a la figura 162, ambas en el Congreso. Mientras, las mociones se corresponden con la figura 661 las de Comisión y 662 las de pleno en el Senado.

Asesoría parlamentaria y función legislativa

La tarea de la asesoría parlamentaria en la tramitación de los proyectos y proposiciones de ley es compleja e intensa. Debe seguir todos y cada uno de los hitos de las diferentes fases del procedimiento legislativo ofreciendo el oportuno criterio del gobierno respecto de: su registro y posible presentación de veto presupuestario (art. 134.6 CE; art. 111 y 126.2 RC); en relación con su toma en consideración por cada una de las cámaras; en la fase de comisión para informar las enmiendas registradas a los proyectos de ley y a las proposiciones de ley y ofrecer el oportuno criterio del Gobierno al grupo parlamentario que le apoya en la búsqueda de consensos con otros grupos parlamentarios para lograr sacar adelante las iniciativas de interés para el Gobierno; así como en la votación del dictamen de la Comisión competente y finalmente también en la votación en el pleno del dictamen y si las hubiera, de las enmiendas mantenidas, en Congreso y en Senado respectivamente. Vayamos por partes.

En relación con el primer hito, esto es, el registro y posible presentación de veto presupuestario, la función de la asesoría parlamentaria consiste en canalizar la petición que se le cursa desde la Dirección General de Relaciones con las Cortes a la unidad competente en su ministerio respecto de la proposición de ley registrada para analizar cuantitativamente el coste que pudiera implicar y su impacto en la ley de presupuestos en vigor. Tal y como dispone la Constitución en su artículo 134.6 "toda proposición o enmienda que suponga aumento de los créditos o disminución de los ingresos presupuestarios requerirá la conformidad del Gobierno para su tramitación". Esta fórmula permite al Gobierno oponerse a la tramitación de iniciativas con impacto cuantitativo significativo y por tanto es un mecanismo importante.

Respecto a la toma en consideración de proyectos y proposiciones de ley, la tarea de la asesoría parlamentaria varía en función del sujeto proponente de la iniciativa. Si se trata de los primeros y específicamente cuando afecta a su departamento, le corresponderá redactar la intervención ante el pleno de la defensa del proyecto que realizará el titular del mismo por tiempo no superior a 15 minutos. En el caso de los segundos, esto es, de las proposiciones de ley, le corresponderá recabar de la unidad o unidades directivas competentes el correspondiente informe, a fin de dar al grupo parlamentario que apoya al gobierno, siempre a través de Relaciones con las Cortes, el criterio del mismo.

La tarea de la asesoría en la fase de comisión varía, según se trate de una iniciativa de su ámbito competencial o que únicamente le afecta de manera parcial. En el primer caso, le corresponderá elaborar una tabla con las enmiendas registradas por los grupos y recabar criterio sobre las mismas a sus unidades ministeriales. Además, deberá coordinar, junto con Relaciones con las Cortes, la solicitud de informes a otros departamentos ministeriales afectados competencialmente. Por último, suele encomendarse también a la asesoría parlamentaria, junto con las asesorías del grupo parlamentario que apoya al Gobierno llevar la negociación con otros grupos parlamentarios a fin de aprobar la iniciativa en Comisión —y posteriormente en el Pleno— en el sentido favorable a los intereses del Gobierno. En segundo lugar, si la iniciativa afecta solo de manera tangencial, a la asesoría parlamentaria le corresponderá recabar informes puntuales en lo que puedan verse afectado por razón de la materia.

Por último, en la fase de votación en el Pleno la tarea de la asesoría parlamentaria está más limitada a los resultados obtenidos en el dictamen de la Comisión y las negociaciones llevadas a cabo durante dicha fase. En cualquier caso, puede intervenir en la negociación cuando quedan por resolver desavenencias, para acercar posturas de los grupos disconformes.

Los proyectos de ley se corresponden en el Congreso con la figura 121 y las proposiciones de ley con la figura 122, mientras que en el Senado las primeras con la figura 621 y las segundas con la 622.

Asesoría parlamentaria y obligaciones de transparencia

De un tiempo a esta parte se ha ido incorporando a las tareas de la asesoría parlamentaria una nueva función directamente relacionada con las obligaciones que impone a las administraciones públicas la Ley de Transparencia desde su entrada en vigor en el año 2013. Entre las solicitudes de trasparencia que cursan los particulares a los poderes públicos y las preguntas escritas de los diputados y senadores hay cada vez un mayor paralelismo si bien se trata de controles cuya naturaleza es diferente: jurídica en el caso de la transparencia y política en el de las preguntas escritas[19].

Sin perjuicio de que las obligaciones de transparencia son atendidas desde las subsecretarías de los departamentos ministeriales que cuentan con unidades específicas para ello, se ha ido estableciendo una supervisión última del trabajo que ellas realizan por parte de los gabinetes ministeriales, centralizada en la figura de la asesoría parlamentaria. Se observa en la legislatura en curso que se está convirtiendo en regla general que la información que el diputado o senador no consigue a través del control escrito se canaliza después a través de solicitudes de información cursadas por transparencia. Lo que se busca con esta nueva función de supervisión última a cargo de la asesoría parlamentaria es que en la medida de lo posible se coordine lo que se informe por ambos cauces. No obstante, siempre se obtiene más información a través de una solicitud de transparencia dado que de no

---

[19] Sobre la naturaleza política del control parlamentario puede consultarse Méndez López, L.: "Nuevas Funciones del control parlamentario en las Cortes Generales", pág. 513 y ss en *España: una democracia parlamentaria. Libro homenaje a Ignacio Astarloa Huarte-Mendicoa,* Ed. Comillas, Madrid 2022.

satisfacer lo solicitado, el solicitante de información puede acudir al Consejo de Transparencia y Buen Gobierno para exigir su cumplimiento y de no lograrlo, abrir la vía jurisdiccional ante el contencioso-administrativo.

III

Reflexiones a modo de conclusión

Las tareas que hoy día asumen las asesorías parlamentarias de gabinetes ministeriales son numerosas, variadas y de volumen creciente. El hecho de que no se encuentren recogidas formalmente y que en torno a ellas haya un desconocimiento generalizado dificulta su conocimiento por parte de quienes han de seleccionar a las personas que la desempeñarán y por parte, también, de los mismos llamados a llevarlas a cabo. En esta obra se ha procurado realizar una síntesis de lo esencial, para abrir el camino.

En cuanto a las tareas en torno al control escrito, de los datos expuestos podemos desprender al menos dos reflexiones: la primera se refiere a la práctica parlamentaria que desde la experiencia diaria de la asesoría parlamentaria de gabinete ministerial se observa se está produciendo con el control escrito dentro de la fase externa de su tramitación, esto es, en el Congreso. Es lugar común afirmar que el control escrito al Gobierno, como instrumento ordinario de control, no pretende la caída del Gobierno, pero sí su desgaste; esto es legítimo; lo que no lo es tanto es un uso inadecuado que conlleve un funcionamiento erróneo de los instrumentos de control ordinario que desemboque en una obstaculización del trabajo de naturaleza más técnica de los ministerios cuyos recursos humanos son finitos.

Tomando como ejemplo el Ministerio de Sanidad, cuyo volumen de iniciativas registradas se vio drásticamente incrementado como consecuencia de la pandemia, es indudable el crecimiento exponencial de las preguntas escritas registradas en las cámaras. En un primer momento podría pensarse que este instrumento ordinario está alcanzando su plena potencialidad porque los parlamentarios acuden cada vez más a ese recurso y con la información que obtienen del Gobierno cumplen mejor su cometido de controlar su acción. Sin embargo, se observa, también, que los parlamentarios buscan en el control escrito al Gobierno una manera de destacarse en su labor, de elevar sus estadísticas de actividad parlamentaria, de significarse dentro de su propio grupo parlamentario lo cual no está reñido con el control político al Gobierno, pero sí desvirtúa, en cierto modo, la finalidad misma de las preguntas escritas.

Por otro lado, y dentro también de esa fase externa, se aprecia una relajación de los controles de admisión a trámite[20] que puede explicarse en la voluntad de no poner obstáculos al control político al Gobierno que es comprensible porque ese control da contenido al ejercicio de un derecho intrínseco de la representatividad que ostenta el parlamentario; sirve además al fin de profundizar en la transparencia de la actividad gubernamental y, en definitiva, porque ese control está en la base misma de la relación de confianza que entre legislativo y ejecutivo ha de preservarse. Sin embargo, un exceso de esa relajación en la admisibilidad puede suponer un incumplimiento flagrante de los límites reglamentarios de estas figuras de control llevando a un ejercicio indebido con las consecuencias ya enunciadas de obstrucción de aquella actividad y, por tanto, afectando a la otra parte —en este caso al Gobierno— de esa relación de recíproca confianza.

---

[20] En este sentido puede consultarse Méndez López, *op. cit.,* pág. 525.

La segunda reflexión extraíble de lo visto anteriormente pone el foco ahora en la fase interna, esto es, en lo que está ocurriendo con la tramitación de las preguntas escritas dentro de los departamentos ministeriales. Nos referimos ahora a ese incremento exponencial de las preguntas escritas de las últimas legislaturas, que se ha traducido en un peligro cierto de saturación de las unidades directivas encargadas de contestarlas, convirtiéndose en los últimos tiempos en un problema que puede disminuir la calidad en la respuesta, lo que en resumen lleva inexorablemente también a desvirtuar el control desde esa fase interna.

Para cerrar estas líneas se hacen a continuación algunas propuestas de mejora de la regulación y práctica parlamentaria en torno a las preguntas escritas que inciden fundamentalmente, pero no solo, en la fase externa.

Convendría que en el marco de futuras reformas de los reglamentos parlamentarios, se aborde el perfeccionamiento de los instrumentos de control escrito de manera que, por un lado, se cumplan estrictamente los requisitos de admisibilidad a trámite, siendo más exhaustivo en el examen de las posibles causas para su inadmisión y, por el otro, se valore incorporar en los mismos algún tipo de cupo al registro de preguntas escritas —como existen respecto de otras iniciativas parlamentarias— que podría ser por período parlamentario y diputado/a.

Por otro lado, en esa futura reforma convendría articular mecanismos para que los parlamentarios desempeñen un papel más determinante en el control político al Gobierno, complementando la función que realizan individualmente a través del control escrito con mecanismos también en el seno de sus respectivos grupos parlamentarios que les ofrezcan un margen de maniobra más amplio del que tienen hoy.

Propuestas como estas pueden tener una repercusión positiva también en la *fase interna* porque posibilitarán que los departamentos ministeriales puedan atenderlas de forma más adecuada a su fin que no puede ser otro que dar a conocer la acción gubernamental.

Por otro lado, en la llevanza del registro y seguimiento de estas iniciativas es preciso buscar una actualización de la aplicación informática Cortesía que siga posibilitando llevar el seguimiento y tramitación de las iniciativas parlamentarias —como hasta ahora— pero que mejore su funcionalidad y permita un manejo más modernizado y accesible.

Para finalizar, se quiere señalar que las tareas de la asesoría parlamentaria se han visto incrementadas en volumen y relevancia en los últimos tiempos. De ahí la necesidad de abordar una cierta formalización de sus tareas, así como una más amplia especialización de quienes se encarguen de la misma, al tiempo que se les procure un estatuto profesional acorde con su nivel de responsabilidad.

IV

Referencias bibliográficas

a) Textos legales

— Constitución española de 1978.
— Reglamento del Congreso de los Diputados.
— Reglamento del Senado.

b) Bibliografía

— Alonso de Antonio, J.A.: *Introducción al derecho parlamentario,* Dykinson 2002.
— Balaguer Callejón, F. *et alii*: *Manual de Derecho Constitucional,* Vol. II, 15ª edición, Tecnos, Madrid 2020.

— González Fernández, S.: *El control como función primordial del parlamento en la era de la gobernanza.* Colección Monografías, n° 15, Ed. Fundación Manuel Giménez Abad de Estudios parlamentarios y Estado Autonómico, Zaragoza, 2020.

— Guerrero Salom, E.: *El Parlamento. Qué es, como funciona, qué hace.* Ed. Síntesis, Madrid 2004.

— Matía Portilla, F.J.: "Artículo 111", *Comentarios a la Constitución Española de 1978,* Tomo II, Conmemoración del XL Aniversario de la Constitución. Ed. BOE, Ministerio de Justicia, Fundación Wolters Kluwer.

— Punset, R.: *Estudios parlamentarios,* Centro de Estudios Políticos y Constitucionales, Madrid 2001.

— Sanz Pérez, A.: *Fundamentos de Derecho Parlamentario español.* Ed. COLEX, 2023.

— Tudela Aranda, J.: *El Parlamento en tiempo críticos. Nuevos y viejos temas del Parlamento,* Ed. Marcial Pons, 2020.

— Tudela Aranda, J. y Kölling M. eds.: *Calidad democrática y parlamento.* Ed. Marcial Pons y Fundación Manuel Giménez Abad, Madrid 2022.

— VV AA: *Comentarios a la Constitución Española,* conmemoración del XL aniversario, vol. II, ed. BOE, Ministerio de Justicia y Wolters Kluwer, Madrid 2018.

— VV AA: *España: una democracia parlamentaria. Libro homenaje al profesor Ignacio Astarloa Huarte-Mendicoa.* Ed. Comillas, Madrid 2022.

c) Artículos de revista

— Aranda Álvarez, E.:

- "El Reglamento del Congreso de los Diputados. Propuestas para su reforma", *Revista de Estudios Políticos,* 2017; accesible en www.dialnet.unirioja.es ;
- "Transformaciones en los instrumentos de control parlamentario" en revista *Teoría y Realidad Constitucional,* 2007; accesible en www.dialnet.unirioja.es.
- "Claves para entender el concepto y las fuentes del derecho parlamentario", en *Revista de las Cortes Generales,* 2005, (66) 7-62, accesible en: https://revista.cortesgenerales.es/rcg/article/view/514/927
- "40 años de Constitución-El sistema parlamentario de la Constitución española de 1978", accesible en el enlace web siguiente: http://idpbarcelona.net/sistema-parlamentario-la-constitucion-espanola-1978/

— Gómez Carmona, E.: "Las resoluciones interpretativas y supletorias de Reglamento en la jurisprudencia constitucional", accesible en: https://revista.cortesgenerales.es/rcg/article/view/671
— Osés Abando, J.: "Interpelaciones y preguntas: sugerencias para su reforma", en *Corts: Anuario de derecho parlamentario,* ISSN 1136-3339, N°5, 1998.
— VV AA: "Encuesta sobre control parlamentario" en *Teoría y Realidad Constitucional,* núm. 19, 2007, pp. 7-42, UNED.

d) Páginas web y blogs de interés

— Instituto de Derecho parlamentario de la Universidad Complutense de Madrid: https://www.ucm.es/idp
— Página web del Congreso de los Diputados: https://www.congreso.es/
— Página web del Senado: https://www.senado.es/web/index.html
— Enlace sobre las funciones del Senado: https://www.senado.es/web/conocersenado/temasclave/partidospoliticosgrupos/index.html
— Sobre las resoluciones interpretativas de las cámaras: https://www.congreso.es/cem/normres
— Blog del congreso: https://blog.congreso.es/